OBJETS D'ART

ET DE HAUTE CURIOSITÉ

DU MOYEN AGE, DE LA RENAISSANCE

ET AUTRES

PROVENANT DE LA LIQUIDATION

DE L'ANCIENNE SOCIÉTÉ SELIGMANN

EXEMPLAIRE DE H. STETTINER

Deuxième Vente.

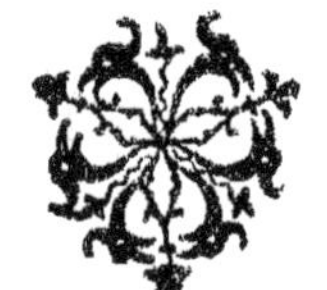

OBJETS D'ART

ET DE HAUTE CURIOSITÉ

DU MOYEN AGE, DE LA RENAISSANCE

ET AUTRES

Provenant de la

Liquidation de l'ancienne Société SELIGMANN

(DEUXIÈME VENTE)

CONDITIONS DE LA VENTE

Elle sera faite au comptant.

Les acquéreurs paieront *dix pour cent* en sus des enchères.

Paris. — Imp. Georges Petit, 12, rue Godot-de-Mauroi. — 23572-14.

CATALOGUE

DES

OBJETS D'ART

ET DE HAUTE CURIOSITÉ

DU MOYEN AGE, DE LA RENAISSANCE ET AUTRES

Faïences Orientales et Italiennes

TERRES ÉMAILLÉES DES ROBBIA

Émaux champlevés et peints de Limoges

IVOIRES, ORFÈVRERIE, BIJOUX, VITRAUX, BOIS SCULPTÉS
PIERRES, MARBRES

BRONZES ITALIENS

Tapisseries Flamandes

TAPIS

MEUBLES — VITRINES

Provenant de la liquidation de l'ancienne Société **SELIGMANN**

ET DONT LA VENTE AURA LIEU A PARIS

GALERIE GEORGES PETIT, 8, rue de Sèze

Les Lundi 16 et Mardi 17 Mars 1914

à 2 heures

COMMISSAIRES-PRISEURS

Mᵉ F. LAIR-DUBREUIL	Mᵉ HENRI BAUDOIN
6, rue Favart, 6	10, rue Grange-Batelière, 10

EXPERTS

MM. MANNHEIM	M. HENRI LEMAN
7, rue Saint-Georges, 7	37, rue Laffitte, 37

EXPOSITIONS

PARTICULIÈRE : *Le Samedi 14 Mars 1914, de 1 heure 1/2 à 6 heures.*
PUBLIQUE : *Le Dimanche 15 Mars 1914, de 1 heure 1/2 à 6 heures.*

ORDRE DES VACATIONS

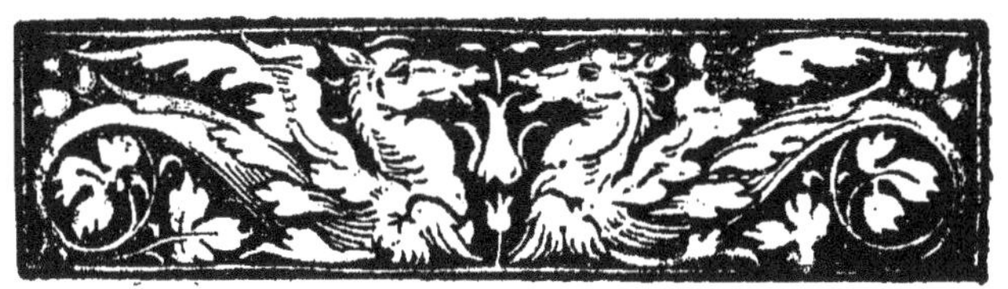

OBJETS D'ART

ET DE HAUTE CURIOSITÉ

FAIENCES

1 — Plat ovale en ancienne faïence de Bernard Palissy, présentant Diane couchée auprès du cerf et accompagnée de deux chiens. Fond de paysage. Chute feuillagée.

Revers jaspé.

Grand diamètre, 45 cent.

2 — Cruche en ancienne faïence de Rhodes, décorée de réserves en spirale, alternativement bleues et blanches, et chargées de fleurs et de feuilles.

Haut., 3o cent.

3 — Plat creux à bord légèrement festonné, en ancienne faïence de Damas, décoré de grappes de raisin et de fleurs. Marli vermiculé. Le tout en bleu et vert.

Diam., 42 cent.

4 — PLAT CREUX à bord légèrement festonné, en ancienne faïence de Damas, présentant, au fond, des œillets et des pivoines en bleu-lapis, bleu-turquoise, violet et vert, sur fond blanc. Marli vermiculé.

Revers à fleurs.

Diam., 37 cent.

5 — DEUX GRANDS PLATS en ancienne faïence de Faenza, à décor dit berettino. Au fond, un écusson d'armoiries polychrome, timbré d'un casque ayant pour cimier un lion issant, surmonté de la devise : *Va integro*. A la chute, des rinceaux. Au marli, des grotesques.

Revers chargés de cercles concentriques bleus.

Diam., 38 cent.

6 — PLAT en ancienne faïence de Faenza, présentant, en plein, deux forgerons dans leur atelier.

Au revers, une multitude de cercles concentriques en bleu et orange.

Diam., 28 cent.

7 — CORNET de pharmacie, décoré d'un lion, d'un escargot et d'une inscription en lettres gothiques. Ancienne faïence de Faenza.

Haut., 19 cent.

8 — COUPE sur piédouche, en ancienne faïence de Faenza, décorée, au fond, d'un médaillon à carrelages, avec la date : *1548*. Aux pourtours, intérieur et extérieur, des rinceaux.

Diam., 34 cent.

9 — VASE ovoïde, en faïence de Faenza du commencement du XVIᵉ siècle, décoré de deux
oiseaux inscrits dans une couronne de feuillages, et de larges rinceaux en manganèse,
bleu, vert et jaune.

Haut., 35 cent.

10 — DEUX AIGUIÈRES de pharmacie, en ancienne
faïence de Faenza, décorées chacune de deux
bustes de personnages placés de part et
d'autre du déversoir, ce dernier simulant une
tête de dragon.

Haut., 26 cent.

11 — PLAT creux, en ancienne faïence de Deruta,
décor en bleu et à reflets métalliques jaune
chamois. Au fond, un buste de guerrier casqué, avec l'inscription : *il gran Ponpeio*.
Marli à imbrications.

Diam., 41 cent.

12 — PLATEAU D'AIGUIÈRE en ancienne faïence de
Deruta, décor bleu et à reflets métalliques
jaune chamois. Sur l'ombilic, un saint moine
en prières. Alentour, des compartiments
d'imbrications et de fleurons alternés.

Diam., 33 cent.

13 — PLAT creux, en ancienne faïence de Deruta,
décor en bleu et à reflets métalliques jaune
chamois. Au fond, une femme vue à mi-corps,
représentée de profil, avec une banderole
chargée d'une inscription : *la Cristofana
bella*. Marli chargé de compartiments d'imbrications.

Diam., 42 cent.

14 — Coupe en ancienne faïence de Gubbio,
décor bleu, avec rehauts de vert et de reflets
métalliques. Au fond, une figure de paysan.
Alentour, des godrons en relief.

Diam., 23 cent.

15 — Coupe en ancienne faïence de Gubbio, à
décor bleu et à reflets métalliques. Au fond,
une figure de saint Jérôme. Au marli, des
fruits en relief.

Diam., 21 cent.

16 — Petite coupe en ancienne faïence de
Gubbio, à décor bleu et à reflets métalliques.
Au fond, un cœur percé d'une flèche et d'une
épée. A la chute, des feuilles en relief.

Diam., 19 cent.

17 — Petite coupe en ancienne faïence de
Gubbio, décorée en bleu avec rehaut de
reflets métalliques. Au fond, figure de saint
Jean-Baptiste à mi-corps. A la chute, des
feuilles.

Diam., 17 cent.

18 — Coupe en ancienne faïence de Gubbio,
décor bleu, vert et à reflets métalliques. Au
fond, une figure de saint Roch. Alentour,
huit mascarons réunis par des feuilles.

Diam., 26 cent.

19 — Coupe en ancienne faïence de Gubbio, à
décor bleu et à reflets métalliques. Au fond,
une figure de saint personnage. Alentour, des
godrons en relief.

Diam., 24 cent.

20 — PLAT en ancienne faïence de Castel-Durante. Il présente, au centre, un amour nu, debout, dans un paysage et, au marli, des trophées d'instruments de musique et d'attributs variés en couleurs sur fond bleu, chargé de rinceaux blancs.

Diam., 245 millim.

21 — GRAND PLAT en ancienne faïence de Castel-Durante, rehaussée de reflets métalliques à Gubbio. Au fond, un amour tenant un arc et une flèche. Au marli, des trophées d'armes en grisaille sur fond bleu.

Diam., 35 cent.

22 — DEUX PLAQUES rectangulaires en ancienne faïence d'Urbino, présentant, l'une, l'Enlèvement des Sabines ; l'autre, Diogène et Alexandre.

Haut., 31 cent.; larg., 27 cent.

Cadre en bois sculpté.

23 — PLATEAU D'AIGUIÈRE en ancienne faïence d'Urbino, décoré, sur l'ombilic, d'une figure de femme accompagnée d'un oiseau, et, alentour, de figures allégoriques, oiseaux, etc., sur fond blanc. Chute à feuillages sur champ noir. Marli chargé d'animaux et d'amours.

Diam., 45 cent.

24 — PLAT creux en ancienne faïence d'Urbino, atelier des Fontana. Il présente, au fond,

l'Adoration des Rois Mages, composition de nombreux personnages sur fond d'habitations. Le marli et la chute sont ornés de grotesques et d'animaux.

Diam., 45 cent.

Collection Spitzer.

25 — VASQUE trilobée en ancienne faïence d'Urbino, présentant, intérieurement, de nombreux personnages occupés à la pêche. Le pourtour est décoré de paysages avec cours d'eau.

Elle est munie de trois anses à mascarons et repose sur un piédouche à trois griffes de lions.

Diam., 52 cent.

26 — GRANDE VASQUE trilobée en ancienne faïence d'Urbino, décorée, intérieurement, de trois compositions, présentant : le Jugement de Pâris, une assemblée des fleuves et des dieux, et le char du soleil. Le pourtour est orné de paysages.

Elle est munie de trois anses mascarons et son pied est formé de trois griffes de lions accolées.

Larg., 50 cent.

27 — PLAT creux en ancienne faïence d'Urbino, présentant, en plein, le triomphe de Galathée, composition de nombreux personnages, chevaux marins, etc., avec vue de ville au fond et amours à la partie supérieure.

Diam., 36 cent.

28 — PLAT creux en ancienne faïence d'Urbino :
le cheval de Troie, composition à nombreux
personnages. Au second plan, la ville de
Troie.

Diam., 32 cent.

29 — PLAT en ancienne faïence d'Urbino, par
Fra Xanto, composition relative à Alcyone et
écusson d'armoiries d'or à la scie d'azur po-
sée en pal ; au revers, la légende, les initiales
de l'artiste et la date : 1535.

Diam., 25 cent.

30 — COUPE en ancienne faïence d'Urbino,
rehaussée de reflets métalliques, à Gubbio.
Elle présente un groupe de personnages assistant au supplice d'une femme brûlant sur
un bûcher. Au-dessus d'elle, un oiseau. Fond
d'habitations.

Au revers, des rinceaux jaune chamois et
rouge rubis.

Diam., 26 cent.

31 — PLAT en ancienne faïence de Pesaro, atelier de Jironimo, à composition tirée de
l'histoire de Judith et Holopherne, avec
combat au premier plan. Fond de paysage.

Au revers, la légende suivie de la signature : *Fatto in Pesaro in Bottega de Mestro
Jironimo*, et la date : 1542.

Diam., 32 cent.

32 — PLAT en ancienne faïence hispano-mauresque, à décor rayonnant.

Au revers, un aigle aux ailes éployées.

Diam., 43 cent.

33 — GRANDE AMPHORE en ancienne terre vernissée allemande, atelier de Hirschvogel. Elle est ornée de deux zones superposées d'arcades, abritant chacune un groupe allégorique à la Charité. Ces zones sont limitées par des bandes chargées de fleurettes. Les fonds sont alternativements verts et jaunes. Elle est munie de deux anses sur l'épaulement.

Haut., 64 cent.

34 — CRUCHE en ancienne terre de Kreussen, présentant le Christ en croix, la Vierge et saint Jean.

A la partie inférieure, une inscription et la date : *1687*. Couvercle en étain.

Haut., 25 cent.

TERRES ÉMAILLÉES DES ROBBIA

35 — HAUT-RELIEF, cintré du haut, en terre émaillée, par Andrea della Robbia, présentant la Vierge assise, vêtue de long et voilée, tenant sur le genou droit l'Enfant Jésus nu, debout, un fruit à la main. Elle est placée dans une niche ornée de dix têtes de chérubins, avec le Saint-Esprit au milieu d'eux.

Large bordure chargée de fruits et de feuilles. Soubassement décoré d'une frise de figures alternant avec des fleurons.

Haut., 1 m. 23 ; larg., 90 cent.

36 — GRAND MÉDAILLON rond, en terre émaillée de l'atelier des Robbia, XVIᵉ siècle, présentant un buste d'empereur romain, émaillé blanc en haut-relief et se détachant sur un fond à cannelures rayonnantes émaillé bleu.

Encadré.

Diamètre total, 78 cent.

37 — GRAND HAUT-RELIEF cintré, en terre émaillée de la suite des Robbia, présentant le Christ au Mont des Oliviers. Composition de nombreux personnages sur fond de paysage, avec angelots tenant la croix dans le ciel.

Encadrement à pilastres chargés de bouquets de fruits et de fleurs, avec écussons d'armoiries et mascaron.

Haut., 2 m. 65 ; larg., 1 m. 75.

38 — STATUETTE en terre émaillée blanc, atelier des Robbia, XVIᵉ siècle, représentant saint Laurent debout, tenant un gril de la main gauche et une palme de la main droite.

Haut., 80 cent.

39 — STATUE, petite nature, en terre émaillée de l'atelier des Robbia, présentant un personnage debout, vêtu à l'antique et tenant de la main gauche un livre. Émaux bleus, jaunes, violets, verts et blancs.

Haut., 1 m. 35.

IVOIRES

40 — **Plaque** de reliure, en ivoire sculpté, présentant le Christ en croix ayant à ses côtés la Vierge et saint Jean. Au-dessus des bras de la croix, deux angelots vus à mi-corps. Époque romane.

Elle est montée sur une âme de bois et bordée de cuivre.

Hauteur de la plaque, 13 cent. 1/2 ; larg., 11 cent

41 — **Grand volet** de diptyque, en ivoire sculpté, orné du Christ en croix entouré de la Vierge, de saint Jean, de deux saintes femmes et de saint Joseph d'Arimathie, le tout disposé sous une arcade gothique surmontée de deux rosaces. France, xive siècle.

Haut., 200 millim.; larg., 115 millim.

42 — **Diptyque** en ivoire sculpté. Chacun des deux volets est divisé en deux registres, contenant : le Calvaire, l'Adoration des Rois Mages, le Couronnement de la Vierge, l'Annonciation et la Visitation, le tout disposé sous des arcatures gothiques. Travail français, xive siècle.

Haut., 147 millim.; largeur ouvert, 160 millim.

43 — Hanap avec couvercle, en ivoire sculpté, présentant, en haut-relief, un combat de style antique. Le reste de la pièce est chargé de trophées. Anse composée d'une cariatide. Fin du XVIe siècle.

Monture en argent doré.

Haut., 14 cent.

44 — Statuette en ivoire sculpté, représentant une muse debout, drapée à l'antique. Fin du XVIe siècle.

Socle en bois noir.

Haut., 38 cent.

45 — Statuette en ivoire sculpté, représentant l'Enfant Jésus nu, debout, bénissant. Travail espagnol de la fin du XVIe siècle.

Socle en bois noir.

Haut., 5o cent.

46 — Crosse en ivoire sculpté à volute, terminée par une tête de dragon et décorée de brindilles gravées et peintes. Ancien travail espagnol.

Haut., 3o cent.

47 — Cylindre astronomique, en ivoire gravé, avec couvercle. Monture et bouton de couvercle en forme de figurine en argent doré ; la bordure du cylindre présente les signes du Zodiaque. Travail allemand du XVIe siècle.

Haut., 36 cent.

ÉMAUX CHAMPLEVÉS

48 — DEUX PETITES PLAQUES quadrilobées, en cuivre champlevé et émaillé. Elles présentent, chacune, quatre médaillons à fleurettes sur fond d'or, disposés autour d'une rosace centrale. Le tout sur fond bleu. Travail rhénan, XIIIe siècle.

Larg., 7 cent.

49 — CROSSE en cuivre champlevé et émaillé de Limoges, XIIIe siècle. La volute présente un groupe à deux personnages figurant l'Annonciation. Le nœud est décoré de basilics ciselés et ajourés, et la douille est ornée de rinceaux gravés.

Haut., 30 cent.

50 — CIBOIRE en cuivre champlevé, émaillé et gravé. Limoges, XIIIe siècle. La coupe hémisphérique est ornée de compositions à personnages gravés et réservés sur fond d'émail. Le pied, de forme hexagonale, présente la Nativité, l'Adoration des Rois Mages, l'Annonciation et la Visitation.

Hauteur totale, 33 cent.

51 — CHASSE en cuivre champlevé, gravé et émaillé. Limoges, XIIIe siècle. Elle est ornée, sur toutes ses faces, de médaillons circulaires contenant des anges vus à mi-corps, ailés et

nimbés, gravés et réservés sur fond d'émail bleu turquoise. Entre ces médaillons, des rinceaux gravés et dorés.

Hauteur totale, 14 cent.; larg., 19 cent.

52 — CHASSE en cuivre champlevé, gravé et émaillé de Limoges, XIIIe siècle, présentant, sur la face principale, le Martyre de Thomas Becket et, au-dessus, le Christ de pitié inscrit dans un médaillon, soutenu par deux anges ailés. Le revers est décoré de quadrillés polychromes et, sur les pignons, de deux figures de saints personnages debout, drapés et nimbés. Émaux en couleurs sur fond bleu lapis.

Hauteur totale, 17 cent.: larg., 14 cent.

53 — PETITE CHASSE en cuivre champlevé, gravé et émaillé de Limoges, XIIIe siècle. Elle est ornée, sur la face principale, de six figures rapportées et inscrites dans des médaillons polylobés, à émaux bleu foncé avec disques en émaux polychromes. Entre ces médaillons sont les symboles des évangélistes et des palmettes. Au revers, une plaque à carrelages décorée de quartefeuilles. Sur les pignons, de saints personnages réservés et gravés sur fond d'émail.

Haut., 13 cent.; larg., 14 cent.

54 — PETITE CHASSE en cuivre champlevé, gravé et émaillé de Limoges, XIIIe siècle. Elle est ornée, sur la face, le revers et chacun des

côtés, de médaillons circulaires présentant
des figures d'anges à mi-corps, réservés et
gravés sur fond d'émail vert et bleu lapis.

Haut., 12 cent.; larg., 16 cent.

55 — CIBOIRE en cuivre champlevé et émaillé de
Limoges, xiiie siècle. Le couvercle de la
coupe hémisphérique est orné de quatre médaillons à sujets tirés de la Vie du Christ,
réservés et gravés sur fond d'émail rouge. La
coupe est décorée de quatre médaillons présentant le monogramme du Christ, réservé et
gravé sur fond d'émail rouge. Ces médaillons
sont réunis entre eux par des rinceaux. Ce
ciboire repose sur une tige à nœud, portée
par une base hexagonale à sujets saints à personnages.

Hauteur totale, 32 cent.

56 — ENCENSOIR en cuivre champlevé et émaillé
de Limoges, xiiie siècle. Le récipient est orné
de quatre médaillons circulaires, présentant
des anges à mi-corps, réservés et gravés sur
fond d'émail bleu et rouge. Le couvercle, en
forme de clocheton ajouré, est également
orné de médaillons à bustes d'anges et de
compartiments échiquetés.

Haut.. 18 cent.

57 — PLAQUE DE CHASSE, de forme rectangulaire,
en cuivre champlevé et émaillé de Limoges,

xiiie siècle. Elle présente le Christ en croix, entre la Vierge et saint Jean et quatre autres saints personnages, gravés et réservés sur fond d'émail bleu lapis à fleurettes et rosaces polychromes.

Haut., 13 cent.; larg., 23 cent.

58 — Croix plate, en cuivre champlevé et émaillé de Limoges, xiiie siècle. Elle est ornée de rosaces polychromes sur fond bleu lapis. Un Christ en cuivre gravé est appliqué sur la croix.

Haut., 27 cent.

59 — Plaque rectangulaire, en cuivre champlevé et émaillé de Limoges, xiiie siècle, présentant, sur un fond bleu chargé de fleurettes, le Christ crucifié entre la Vierge et saint Jean, avec deux angelots au-dessus des bras de la croix. Au pied de la croix, Adam sortant de sa tombe. Les corps de ces personnages sont réservés en cuivre, les têtes sont en relief.

Haut., 23 cent.; larg., 12 cent.

60 — Chasse en forme de maison, en cuivre champlevé et émaillé de Limoges, xiiie siècle, ornée, sur toutes ses faces, d'angelots vus à mi-corps, inscrits dans des médaillons à fond bleu turquoise. Des rinceaux séparent ces médaillons et se détachent sur fond émaillé gros bleu.

Haut., 20 cent.; larg., 22 cent.

ÉMAUX PEINTS

61 — Très important plat ovale en émail peint
en couleurs, avec rehauts de dorure et pail-
lons, par *Jean Courtoys*. Limoges, XVIᵉ siècle.
Signé : *I. C.* Il présente le Sacrifice d'Iphigénie, d'après Polydore de Caravage, composition gravée par *N. Beatriẓet*. Iphigénie est
représentée à genoux, tandis qu'un aigle en-
lève l'épée de l'exécuteur. L'autel est dressé
au milieu de la composition. Le grand prêtre
y verse de l'huile coulant d'une aiguière, pen-
dant que sa main tourne les pages d'un livre
porté par un enfant. Une foule nombreuse
accourt, émerveillée par ce prodige. Fond de
paysage avec habitations, ruines et petit
temple en forme de rotonde.

La chute est chargée de rinceaux et le marli
de médaillons contenant des bustes, des chimères, des mascarons, des feuilles, des fleurs
et des pierreries simulées. Le revers, émaillé
en grisaille avec tons de chair, offre un très
large cartouche composé de cariatides, d'animaux fantastiques et de rinceaux avec l'ini-
tiale C.

Grand diamètre, 550 millim.
Petit diamètre, 410 millim.

Anciennes collections Carrand et Antony de Rothschild.
Un plat semblable, désigné comme appartenant à feu
Sir Antony de Rothschild, est gravé dans *les Arts au
Moyen-Age,* par du Sommerard. 7ᵉ série, planche 22.

62 — PLAQUE rectangulaire en émail peint en couleurs, avec points d'émail saillants. Atelier de Nardon Pénicaud. Limoges, commencement du xvi° siècle. Elle présente l'Adoration des Rois Mages, composition de cinq personnages sur fond d'architecture.

Haut., 150 millim ; larg., 125 millim.

63 — DEUX PLAQUES rectangulaires en émail peint en grisaille. Atelier des Pénicaud. Limoges, xvi° siècle. Elles présentent, chacune, un combat de cavaliers de style antique.

Haut., 80 millim.; larg., 90 millim.

64 — DEUX PLAQUES découpées en émail peint en grisaille avec tons de chair. Atelier des Pénicaud. Limoges, xvi° siècle. Elles présentent : l'une, l'Arrestation du Christ; l'autre, le Portement de croix.

Haut., 10 cent.
Largeur de chaque, 9 cent. 1/2.

Dans un même cadre en bois doré.

65 — PLAQUE rectangulaire en émail peint en couleurs. Atelier de Léonard Limosin. Limoges, xvi° siècle. Elle présente une scène de chasse, avec cavalier au premier plan.

Haut., 13 cent.; larg., 20 cent.

Cadre en bois doré et émail.

66 — GRANDE PLAQUE rectangulaire en émail peint en couleurs. Atelier de Léonard Limosin. Limoges, xvi° siècle. Elle présente la mort d'Actéon. Fond de paysage.

Hauteur de la plaque, 19 cent.; larg. 24 cent.

Cadre en bois doré et émail.

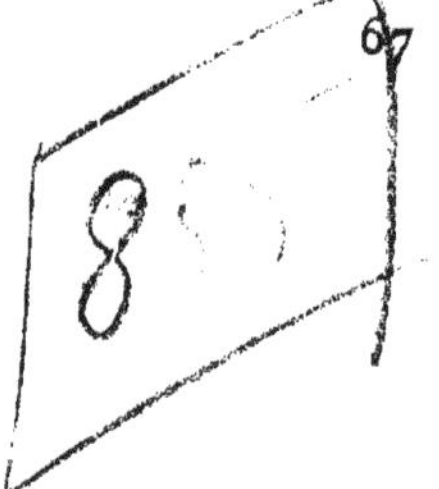

67 — **Plaque** rectangulaire, en largeur, en émail peint en couleurs. Atelier de Léonard Limosin. Limoges, xvie siècle. Elle présente des cavaliers armés à l'antique chassant le lion.

Haut., 75 millim.; larg., 150 millim.

Cadre en bronze et émail.

68 — **Plaque** rectangulaire, en largeur, en émail peint en couleurs. Atelier de Léonard Limosin. Limoges, xvie siècle. Elle présente le Jugement de Pâris. Fond de paysage avec monuments.

Hauteur de la plaque, 18 cent.; larg., 30 cent.

Encadrée.

69 — **Plaque** ronde en émail peint en grisaille. Limoges, xvie siècle, par *Couly Noylier*. Elle présente Hercule domptant le taureau de Crète, avec l'inscription : *Hercules suis*.

Diamètre de la plaque, 23 cent.

Cadre en bois doré et émail.

70 — **Plaque** rectangulaire surmontée d'un fronton, en émail peint en grisaille avec tons de chair. La plaque présente l'Ensevelissement du Christ. Au fronton, deux anges tenant les attributs de la Passion. Par *Martin Didier*, dit *Pape*. Limoges, xvie siècle.

Hauteur totale, 33 cent.; largeur, 17 cent.

Encadrée.

71 — Six assiettes en émail peint en grisaille avec tons de chair, par *Pierre Reymond*; signées des initiales avec la date : 1.564. Limoges, XVIe siècle. Elles figurent chacune une allégorie d'un mois de l'année : la chasse, la tonte des moutons, la mort du porc, la moisson, le foyer, la récolte du bois mort. Bordures de rinceaux.

Revers orné d'un cartouche inscrivant un buste de style antique.

Diam , 195 millim.

72 — Coupe ronde sur piédouche, en émail peint en grisaille, par *Pierre Reymond*, Limoges, XVIe siècle. Jethro, prêtre de Madian, donne des conseils à Moïse (Exode, chap. XVIII).

Au revers, un large cartouche chargé de mascarons et d'animaux.

Signée des initiales et datée : *1571*.

Diam., 277 milim.

73 — Plaque ovale en émail peint en couleurs, par *Pierre Courteys*. Limoges, XVIe siècle. Portrait de personnage barbu vu en buste, vêtu de noir, avec col blanc rabattu. Fond bleu.

Au revers, les initiales : *P. C.*

Grand diamètre du portrait, 145 millim.
Petit diamètre, 110 millim.

Cadre en cuivre et émail.

74 — Six assiettes en émail peint en grisaille sur fond bleu, atelier de Pierre Courteys. Elles

présentent chacune un sujet allégorique avec légende en français.

Au revers de chacune, un buste avec légende au milieu d'un cartouche.

Diam., 18 cent.

75 — PLAQUE de miroir de forme ovale en émail peint en couleurs, atelier de Jean de Court, Limoges, xvie siècle : Vénus et la mort d'Adonis.

Au revers, un miroir. Bordure d'argent.

Grand diamètre, 85 millim.; larg., 65 millim.

76 — PLAQUE de miroir octogonale en émail peint en couleurs. Limoges, xvie siècle. Orphée debout faisant de la musique.

Au revers, un miroir.

Haut., 85 millim.; larg., 70 millim.

77 — COFFRET rectangulaire orné de cinq plaques, en émail peint en couleurs sur fond rouge. Limoges, xvie siècle. Elles présentent chacune des jeux d'enfants avec légende française.

Monture en bronze doré de l'époque, enrichie de figurines-appliques.

Haut., 130 millim.; largeur totale, 210 millim.
Prof., 135 millim.

78 — PETITE PLAQUE rectangulaire, en émail peint en grisaille avec tons de chair. Limoges, xvie siècle. L'Assomption, composition de six personnages.

Haut., 145 millim.; larg. 100 millim.

79 — Plaque ronde en émail peint en couleurs. Limoges, xvie siècle. Elle présente Hector monté sur un cheval au galop, avec l'inscription : *Hector Troïanus.*

Diamètre de la plaque, 225 millim.

Cadre en bois doré et émail.

80 — Plaque rectangulaire en émail peint en grisaille avec tons de chair. Limoges, xvie siècle. Elle présente la figure allégorique de la Dialectique, entourée de six enfants nus, debout.

Haut., 225 millim.; larg., 165 millim.

Cadre en bois doré et émail.

81 — Salière de forme ronde en émail peint en grisaille. Limoges, xvie siècle. Elle présente, sur le pourtour, les Travaux d'Hercule. A l'intérieur du saleron, un buste d'homme casqué.

Haut., 10 cent.

82 — Coffret rectangulaire, orné de cinq plaques en émail peint en grisaille. Limoges, xvie siècle. Les trois plus grandes présentent des sujets tirés de la légende de Phaéton et celles des extrémités, des animaux dans la campagne. Monture en bronze doré.

Haut., 125 millim.; larg., 200 millim.
Prof., 135 millim.

83 — Salière ronde, en émail peint en grisaille. Limoges, xvie siècle. Elle présente, au pour-

tour, une composition relative à Diane et à Actéon. Dans l'intérieur du saleron, un buste d'homme casqué.

Haut., 8 cent.

84 — COFFRET rectangulaire, à couvercle bombé, en émail peint en couleurs, Limoges, fin du XVIᵉ siècle. Le couvercle est orné de menus rinceaux dorés et de fleurettes polychromes sur fond noir. Les plaques du pourtour présentent les bustes des apôtres dans des médaillons ovales. Monture en bronze doré.

Haut., 105 millim.; larg., 180 millim.
Prof., 105 millim.

85 — CIBOIRE en émail de Venise. Il est orné de rinceaux dorés, rehaussés de points d'émail rouges et blancs sur fond bleu et vert. XVIᵉ siècle.

Haut., 22 cent.

ORFÈVRERIE

86 — IMPORTANT CALICE en argent doré, sur pied polylobé, décoré de nombreux émaux translucides sur argent, présentant des sujets saints. La tige offre la signature : *Tondinus E. Andreia me fecit.* Travail italien de la fin du XIVᵉ siècle.

Haut., 21 cent.

87 — CROIX processionnelle, revêtue d'argent repoussé et décorée de médaillons en émail translucide sur argent. Elle présente, d'un

côté, le Christ crucifié entre la Vierge et saint Jean, avec deux anges tenant des phylactères en haut et en bas. Sur l'autre face, les symboles de trois évangélistes, avec le Christ de gloire au milieu d'eux. xvᵉ siècle.

Hauteur totale, 60 cent.

88 — Croix processionnelle, revêtue d'argent repoussé, à extrémités fleuronnées. Elle est ornée de grosses fleurs bordées d'engrélures et enrichies d'émaux translucides sur argent, présentant les symboles des évangélistes. Travail espagnol de la fin du xvᵉ siècle.
Pied en bois.

Haut., 60 cent.

89 — Vase avec couvercle, formé d'une noix de coco sculptée, à sujet tiré de l'histoire de Moïse. Monture en argent doré, composée d'une base feuillagée, de frettes chargées de médailles simulées et d'une collerette gravée. Le couvercle est godronné et présente, sur son revers, un buste d'homme barbu ; sous le pied, un écusson d'armoiries et la date : 1532. Travail allemand du xvɪᵉ siècle.

Haut., 21 cent.

90 — Important bocal avec couvercle, composé d'une noix de coco sculptée, montée argent doré. La noix de coco présente trois compositions à nombreux personnages. Le couvercle est orné de mascarons alternant avec des oves, et le pied est formé d'un tronc

d'arbre qu'entaille un bûcheron. Travail de Cologne. Poinçon de *Gillis Sibricht*. Fin du xvıᵉ siècle.

Haut., 355 millim.

9ı — Gobelet avec couvercle et sur pied en argent partiellement doré, enrichi de fleurettes émaillées. Le pied est formé d'une figurine d'enfant tenant une palme. Travail allemand du commencement du xvııᵉ siècle.

Haut., 28 cent.

92 — Nef en argent gravé et doré. Cette nef est montée par trois personnages, dont l'un tient un étendard. Dans les haubans, grimpent deux matelots. La voile de la nef est gonflée par le vent. Pied accosté de trois volutes et dressé sur une base ovale simulant les flots. Travail de Nuremberg, commencement du xvııᵉ siècle. Poinçon de *Tobias Wolff*, maître en 1604.

Haut., 41 cent.

93 — Deux statuettes en argent, représentant les chasseurs à la lanterne, debout, tenant d'une main une lanterne et de l'autre une batte. Ils sont vêtus d'une culotte, d'une tunique pour l'un, d'une chemisette pour l'autre, et font mine d'avancer avec précaution. Travail allemand du xvııᵉ siècle. Sur la tête d'un des chasseurs, un monogramme gravé.

Haut., 26 et 3o cent.

94 — PETITE ÉCRITOIRE en argent gravé et doré,
à paysage. La base est ornée de draperies et
de mascarons. Le couvercle à recouvrement
présente également des paysages. Il est surmonté d'une figurine de mendiant estropié
en coque de perles et émail. Allemagne,
xviie siècle. (Dans une petite vitrine et dans
son écrin.)

Hauteur de l'encrier, 10 cent.

95 — HANAP avec couvercle, en argent repoussé
et partiellement doré, présentant, sur le pourtour, une bacchanale ; sur le couvercle, des
enfants jouant. Le bouton du couvercle
simule un petit bacchant. Anse ornée d'une
cariatide. Travail d'Augsbourg, poinçon de
la famille *Petters*. xviie siècle.

Haut., 30 cent.

96 — NAUTILE formé d'une coquille, monture
d'argent à engrélures. Il repose sur un pied
simulant un triton sortant des flots. Travail
allemand du xviie siècle.

Haut., 25 cent.

97 — HANAP avec couvercle, en argent repoussé
et doré, à décor de médaillons contenant des
animaux et réunis par des coupes de fruits
surmontées d'oiseaux. Sur le couvercle, une
figurine de personnage en armure, s'appuyant
sur deux écussons.

Au revers du couvercle, des initiales et la
date : *1620*. Travail de Ratisbonne, xviie siècle.
Poinçon du maître *Simon Pissinger*.

Haut., 18 cent.

98 — **Grand baiser de paix** en argent ciselé, en forme de monument à fronton et colonnettes, abritant un calvaire et deux saints armés de l'épée. Sur le fronton, quatre anges, dont deux portent un cartouche. Sur le soubassement, la date : *1626*.

Le revers, gravé, présente une armoirie et l'inscription : *Franc. Cassina*. Poignée en forme de cariatide, offrant le même écusson que le revers. Italie, xviie siècle.

Haut., 23 cent.

99 — **Nautile** formé d'une coquille gravée, à sujet d'animaux et grosses fleurs. Monture en argent repoussé, gravé et doré, composée d'une bordure, d'un enfant sur un cheval marin et de feuillages. Le pied est formé d'une néréide dressée sur une base ovale, bordée de coquilles et de rinceaux. Travail d'Augsbourg, fin du xviie siècle. Poinçon de *Elias Adam*.

Haut., 30 cent.

100 — **Hanap** avec couvercle, en argent partiellement doré. Sur le pourtour, Persée et Andromède. Sur le couvercle un sujet mytho-logique. Anse contournée.

Au revers du couvercle, écusson d'armoiries avec inscription. Travail allemand, fin du xviie siècle.

Haut., 17 cent.

BIJOUX

101 — IMPORTANT COLLIER, composé de onze maillons et de trois pendeloques exécutés en or ajouré et partiellement émaillé, avec cabochons de pierres de couleur et perles. La décoration consiste en rinceaux, volutes, trophées d'attributs de l'Amour, bonne foi, tourterelles affrontées, feuillages, etc. Travail italien du xvie siècle.

Long., 45 cent.

102 — GRAND MÉDAILLON-PENDELOQUE en or émaillé et cristal fumé, enrichi de perles et de pierres de couleur. Il est orné, sur une face, d'un camée en cornaline, à sujet allégorique, et sur l'autre d'une intaille également en cornaline, à sujet saint. Chaînettes de suspension en or émaillé, réunies par un motif enrichi de perles. Italie, fin du xvie siècle.

Hauteur totale, 18 cent.

103 — BIJOU-PENDELOQUE en or émaillé, enrichi de pierreries et de perles. Il présente le sujet de l'Annonciation en ronde-bosse, et est suspendu au moyen de deux chaînettes également émaillées, dont les points d'attache se trouvent sur la tête de deux cariatides servant d'encadrement au bijou. Italie, fin du xvie siècle.

Haut., 8 cent.

104 — Pendeloque en forme de médaillon, en cristal, contenant le Calvaire. Monture en or émaillé. Fin du xvie siècle.

Grand diamètre, 45 millim.

105 — Pendeloque en forme de médaillon, en or émaillé, contenant des reliques. Fin du xvie siècle.

Grand diamètre, 5 cent.

106 — Bijou-pendeloque en or partiellement émaillé, contenant sous verre la Pièta. Il est suspendu au moyen de chaînettes enrichies de perles. Fin du xvie siècle.

Haut., 5 cent.

107 — Rosaire orné d'une pendeloque, en or émaillé et pierreries, présentant la Vierge debout portant l'Enfant Jésus. Fin du xvie siècle.

Hauteur du bijou, 6 cent.

108 — Statuette de paysan debout, coiffé d'un chapeau pointu et tenant un écureuil sur le bras droit, le bras gauche étant levé. Le torse est composé d'une perle baroque, le reste du corps étant exécuté en or émaillé. Il est debout sur une base oblongue à pans coupés en argent doré, enrichie de quatre petits émaux peints, à décor de figures alternant avec des vases de fleurs émaillés. Des pierres de couleur complètent la décoration de la base. Travail allemand du xviie siècle. Attribué à Dinglinger.

Haut., 13 cent.

109 — **Bijou-reliquaire** en or émaillé et cristal, à bord festonné contenant des reliques. Italie, xviie siècle.

Haut., 7 cent.

110 — **Collier** en or émaillé, à maillons formés de rosaces rayonnantes. A ce collier est suspendu un Saint-Esprit en or émaillé blanc, enrichi d'un cabochon de pierre verte, et perché sur un bâton auquel sont attachées trois perles. Italie, xviie siècle.

Longueur du collier, 70 cent.

111 — **Montre** en or émaillé, à boîtier orné d'un médaillon contenant un buste de femme, et se détachant sur un fond bleu chargé d'une couronne de rinceaux. Le mouvement est signé : *Estienne Oltramare*. Époque Louis XIII.

Diam., 35 millim.

CRISTAUX DE ROCHE

112 — **Important bocal** en cristal de roche, taillé à facettes, monté en argent doré. La bordure du couvercle est ornée de mascarons et de fruits. Une figurine de guerrier lui tient lieu de bouton. Travail de Nuremberg. Poinçon de *Jacob Frohlich*, maître en 1555, juré en 1570. xvie siècle.

Haut., 37 cent.

113 — Vase en cristal de roche, avec couvercle et sur pied balustre. Décor de moulures. Monture en argent gravé et doré, à petites feuilles. Le bouton du couvercle est formé d'un dauphin. Italie, fin du xvi⁰ siècle.

Haut., 38 cent.

114 — Vase de forme aplatie, en cristal de roche gravé à imbrications. Bordure et base en or gravé et partiellement émaillé. Fin du xvi⁰ siècle.

Haut., 85 millim.

115 — Deux burettes en cristal de roche gravé, à décor de guirlandes, oiseaux et moulures. Monture en or partiellement émaillé noir. Fin du xvi⁰ siècle.

Haut., 14 cent.

116 — Reliquaire en cristal de roche et argent doré, sur pied balustre. Il contient des reliques. Travail italien du xvii⁰ siècle.

Haut., 40 cent.

117 — Coupe avec couvercle, en cristal de roche gravé, en forme de canard, avec monture en or émaillé.

Haut., 18 cent.; larg., 21 cent.

OBJETS VARIÉS

118 — Reliquaire de forme elliptique, en cuivre, à décor de rinceaux et de cabochons de pierres de couleur. Italie, xiii⁰ siècle.

Haut., 175 millim.

119 — CALICE en cuivre partiellement doré, orné, sur le pied et la tige, de nombreux émaux translucides à sujets saints. Cette tige porte la signature : *Jachobus Guerbini desenis me fecit*. Travail italien de la fin du XIVᵉ siècle.

Haut., 24 cent.

120 — HANAP de madre, à couvercle formant coupe. Bordures fleuronnées et découpées et base en cuivre doré. Sur le couvercle, un double écusson d'armoiries, et, sur la poignée, montée également en cuivre doré, deux dauphins enroulés. Allemagne, XVIᵉ siècle.

Haut., 26 cent.

121 — VOLUME simulé, formant boîte, enrichi de quatorze ornements de reliure de travail italien du XVIᵉ siècle, tels que : écoinçons, fermoirs et médaillons en émail translucide sur argent à sujets saints.

Hauteur de la reliure, 22 cent.

122 — CANETTE de forme cylindrique en verre, avec monture en bronze ciselé et doré, à décor de mascarons, de personnages et de rinceaux. Anse ornée d'une cariatide. Allemagne, XVIᵉ siècle.

Haut., 20 cent.

123 — PETIT CABINET de forme architecturale à fronton, en ébène, décoré d'appliques en or ajouré et émaillé et de deux bas-reliefs en or à sujets saints. Il est enrichi, en outre, de colonnettes en jaspe, ainsi que de petits vases

de couronnement également en or émaillé. Il contient de nombreux tiroirs extérieurs avec porte au milieu. Travail italien de la fin du XVIᵉ siècle.

> Haut., 73 cent.; larg.. 62 cent.

124 — HORLOGE de table, de forme ronde, en bronze ciselé et doré, ornée, sur le pourtour, d'une frise présentant Orphée charmant les animaux; le dessus est décoré de fleurs. Cadran gravé et découpé présentant les mois, les signes du zodiaque et différentes indications astronomiques. Travail allemand, XVIᵉ siècle. Dans un écrin.

> Hauteur totale, 15 cent.; diam., 22 cent.

125 — HORLOGE de table en bronze doré, composée d'un griffon dressé au-dessus du cadran. La base, également en bronze doré, présente trois cadrans horizontaux et est incrustée dans un large socle en bois noir laissant voir le mouvement. Travail allemand, XVIIᵉ siècle.

> Haut., 37 cent.

126 — COFFRET oblong en bronze doré et argent. Chaque face offre un compartiment à sujet allégorique placé entre deux niches contenant des figurines et flanqué chacun de deux cariatides. Les bordures sont composées de rinceaux et figures. Le dessus est orné également de rinceaux et contient une petite boîte cantonnée de quatre dauphins. Italie, fin du XVIᵉ siècle.

> Haut., 160 millim.; larg., 165 millim.

127 — ENCRIER ET SABLIER en bronze partiellement patiné, composés chacun d'un récipient
feuillagé sur lequel s'appuie un lion tenant
une couronne; le tout disposé sur un plateau
de forme contournée qui supporte également une sonnette gravée. Travail italien,
XVIIe siècle.

Long., 48 cent.

128 — PETIT CARRÉ en étoffe brodée de soies de
couleurs, présentant deux personnages au
milieu de rinceaux. XIVe siècle.

Larg., 25 cent.

VITRAUX

129 — VITRAIL rond polychrome, présentant le
sujet de l'Annonciation; composition de
quatre personnages. Au fond, le Saint-
Esprit. XVe siècle.

Diam., 50 cent.

130 — VITRAIL rectangulaire, en couleurs, présentant le Christ vu à mi-corps, vêtu d'un
manteau rouge et nimbé. Fond damassé
bleu. XVe siècle.

Haut., 62 cent.; larg., 57 cent.

131 — VITRAIL rectangulaire polychrome. Composition de six personnages, richement vêtus
de costumes civils. Fond d'architecture et de
paysage. XVIe siècle.

Haut., 1 mètre; larg., 56 cent.

132 — VITRAIL rectangulaire polychrome, présentant un écusson d'armoiries timbré d'une mitre, disposé entre deux saints personnages, A la partie supérieure, des compositions tirées de la Bible. En bas, une inscription allemande et la date : *1577*. Travail suisse, XVIe siècle.

Haut., 32 cent.; larg., 21 cent.

133 — VITRAIL rectangulaire polychrome : le Portement de Croix. A la partie inférieure, un donateur en prières et les armoiries d'un prélat. A la partie supérieure, un sujet tiré de la Bible. Travail suisse, XVIe siècle.

Haut., 34 cent.; larg., 26 cent.

134 — VITRAIL rectangulaire polychrome, présentant un homme d'armes, debout, tenant une bannière chargée d'un arbuste et d'une croix. A la partie supérieure, deux lansquenets jouant l'un de la flûte, l'autre du tambour. Dans le carrelage, la date : *1564*. Travail suisse, XVIe siècle.

Haut., 31 cent.; larg., 20 cent.

135 — VITRAIL rectangulaire, présentant un chevalier tenant une masse d'armes et ayant près de lui un écusson d'armoiries timbré d'un casque ayant pour cimier une tête de bœuf. A la partie inférieure, une inscription allemande et la date : *1566*. Travail suisse, XVIe siècle.

Haut., 30 cent.; larg., 23 cent.

136 — VITRAIL rectangulaire polychrome, présentant un chevalier en armure, accompagné

de son épouse. A la partie inférieure, le nom
et la date : *1560*. Travail suisse, xvi⁰ siècle.

Haut., 32 cent.; larg., 22 cent.

137 — Vitrail rectangulaire polychrome, présentant un homme d'armes, debout près d'un
écusson timbré d'une couronne de marquise
et ayant pour cimier un vol. En haut, deux
cavaliers agenouillés. Travail suisse, en partie
du xvi⁰ siècle.

Haut., 37 cent.; larg., 24 cent.

138 — Vitrail rectangulaire polychrome, présentant un lansquenet, vêtu de rouge, debout
près d'un écusson d'armoiries. A la partie
supérieure, le martyre d'un saint. Travail
suisse, en partie du xvi⁰ siècle.

Haut., 34 cent.; larg., 25 cent.

139 — Vitrail rectangulaire polychrome, présentant un écusson d'armoiries, timbré d'un
casque de face, ayant pour cimier deux bras
armés. A la partie inférieure, une inscription
allemande et la date : *1599*. Suisse, fin du
xvi⁰ siècle.

Haut., 33 cent.; larg., 21 cent.

140 — Vitrail rectangulaire polychrome, présentant la Pietà avec la Mise au Tombeau.
A la partie supérieure, une inscription allemande et, en bas, la date : *1595*. La partie
inférieure présente également deux donateurs
en prières. Travail suisse, fin du xvi⁰ siècle.

Haut., 33 cent.; larg., 21 cent.

141 — Vitrail rectangulaire polychrome, présentant un triple écusson d'armoiries, timbré d'un heaume, ayant pour cimier un lion issant. A la partie inférieure, une inscription allemande et la date : *1590*. Travail suisse, fin du XVIᵉ siècle.

Haut., 32 cent.; larg., 20 cent.

142 — Vitrail rectangulaire polychrome, présentant la Crucifixion. Sur les côtés, saint Dominique et saint Jost. A la partie inférieure, un écusson d'armoiries et deux donateurs. Travail suisse, XVIIᵉ siècle.

Haut., 34 cent.; larg., 24 cent.

143 — Vitrail rectangulaire polychrome, présentant la Vierge de gloire portant l'Enfant Jésus, et ayant à ses côtés saint Jacques et saint Jean-Baptiste. A la partie inférieure, une inscription allemande et la date : *1654*. Travail suisse, XVIIᵉ siècle.

Haut., 33 cent.; larg., 21 cent.

144 — Vitrail rectangulaire polychrome, présentant la Vierge de gloire tenant l'Enfant Jésus, et ayant près d'elle un évêque tenant d'une main une hache et de l'autre une église. A la partie inférieure, un nom et la date : *1619*. Travail suisse, XVIIᵉ siècle.

Haut., 32 cent.; larg., 21 cent.

145 — Vitrail rectangulaire polychrome, présentant deux écussons d'armoiries. A la partie

supérieure, sujets tirés de l'histoire de Guillaume Tell. En bas, une inscription allemande et la date : *1622*. Travail suisse, XVIIe siècle.

Haut., 36 cent.; larg., 26 cent.

146 — VITRAIL rectangulaire polychrome, présentant un écusson chargé du sujet de la Tentation d'Adam et d'Ève. A la partie inférieure une inscription allemande et la date : *1669*. Travail suisse, XVIIe siècle.

Haut., 32 cent.; larg., 21 cent.

147 — VITRAIL rectangulaire polychrome, présentant une composition tirée de la Genèse, chapitre 27 : histoire de Jacob. Travail suisse, XVIIe siècle.

Haut., 30 cent.; larg., 20 cent.

148 — VITRAIL rectangulaire polychrome, présentant sainte Anne, la Vierge et l'Enfant Jésus. A la partie inférieure, deux écussons d'armoiries, une inscription allemande et la date : *1643*. Travail suisse, XVIIe siècle.

Haut., 31 cent.; larg., 20 cent.

149 — VITRAIL rectangulaire polychrome, présentant un écusson d'armoiries dressé entre un chevalier en armure et la figure de la Fortune. A la partie supérieure, de nombreux navires. En bas, une inscription allemande et la date : *1640*. Travail suisse, XVIIe siècle.

Haut., 33 cent.; larg., 21 cent.

150 — Vitrail rectangulaire polychrome, présentant un écusson d'armoiries timbré d'un casque de face ayant comme cimier un arbuste. A la partie supérieure, l'Annonciation et la Visitation. En bas, une inscription allemande et la date : *1578*. Travail suisse.

Haut., 31 cent. ; larg., 21 cent.

151 — Grand vitrail polychrome, présentant le sujet de la mise au tombeau. Composition de nombreux personnages, richement vêtus. XVIIe siècle.

Hauteur totale, 1 m. 92 ; largeur totale, 1 m. 31.

BOIS SCULPTÉS

152 — Groupe-applique en bois sculpté, avec traces de polychromie, représentant la Vierge drapée et couronnée tenant l'Enfant Jésus debout sur son genou gauche. Fin du XIVe siècle.

Haut., 1 m. 15.

153 — Statuette-applique en bois sculpté, représentant saint Georges, debout, en armure complète, l'épée haute, foulant aux pieds le dragon. XVe siècle.

Haut., 1 m. 10.

154 — Grand retable en bois sculpté, peint et doré, à motifs gothiques, contenant trois

figures de saints personnages, tenant, l'un une épée, l'autre un livre, le troisième la palme du martyre. Travail allemand, xvᵉ siècle.

Hauteur totale, 1 m. 95; larg., 1 m. 40.

155 — STATUETTE en bois sculpté et peint, représentant sainte Barbe, debout, tenant la tour de la main droite et portant sur la main gauche la palme du martyre. Fin du xvᵉ siècle.

Hauteur totale, 77 cent.

156 — GROUPE-APPLIQUE en bois sculpté, peint et doré, représentant la Vierge debout, couronnée et voilée, amplement drapée et portant l'Enfant Jésus. Il est disposé dans une niche à motifs gothiques. Travail allemand de la fin du xvᵉ siècle.

Hauteur totale, 1 m. 85.

157 — STATUE-APPLIQUE, petite nature, en bois sculpté, peint et doré, représentant saint Jean debout, tenant de la main gauche le calice et bénissant de la main droite. Il est amplement drapé et a les cheveux frisés retombant de chaque côté du visage. Fin du xvᵉ siècle.

Haut., 1 m. 25.

158 — STATUETTE-APPLIQUE en bois sculpté, avec traces de polychromie, représentant saint Florian, debout, revêtu d'une armure et éteignant l'incendie de l'église. Travail allemand, commencement du xvıᵉ siècle.

Haut., 1 mètre.

159 — Groupe en bois sculpté, représentant sainte Anne, la Vierge et l'Enfant Jésus. Sainte Anne est assise et porte l'Enfant Jésus nu et bénissant sur son bras droit. Près d'elle, la Vierge, debout, offrant un fruit à l'Enfant Jésus. Travail allemand, xvie siècle.

Hauteur totale, 75 cent.

160 — Groupe-applique en bois sculpté et peint gris, représentant sainte Ursule, debout, couronnée, les cheveux flottants et accompagnée de nombreuses vierges. Travail allemand, xvie siècle.

Haut., 1 mètre.

161 — Deux statuettes-appliques en bois sculpté, peint et doré, représentant, l'une saint Pierre, l'autre saint Paul. Travail allemand du xvie siècle.

Haut., 1 m. 10.

162 — Statuette-applique en bois sculpté, peint et doré, représentant un saint martyr, les mains liées à un arbre et percé de flèches ; il est vêtu d'un ample manteau et porte la toque à la mode de l'époque. xvie siècle.

Haut., 1 m. 05.

163 — Douze petits bas-reliefs en buis sculpté, présentant les apôtres tenant leurs attributs, debout, chacun sous une arcade. Dans un même cadre en bois. Travail flamand, xvie siècle.

Hauteur de chaque bas-relief, 14 cent.; larg., 9 cent.

164 — GROUPE d'applique en bois sculpté, représentant saint Martin partageant son manteau
avec un mendiant. XVIe siècle.

Haut., 1 m. 20.

Vente d'Yanville.

165 — BAS-RELIEF en bois finement sculpté, dans
un cadre ajouré et également finement sculpté.
Le bas-relief présente une composition allégorique : femme étendue, richement vêtue,
s'appuyant à une corne d'abondance, et la
tête levée vers un groupe d'amours tenant
divers attributs.

Le cadre, composé de rinceaux feuillagés
et de trophées, est surmonté d'un cartouche
armorié, entouré d'étendards, de casques et
d'armes diverses. XVIIe siècle.

Haut., 45 cent.; larg., 32 cent.

166 — BUSTE plus grand que nature, en bois
sculpté et doré, représentant Henri IV, en
armure, portant la fraise et le collier de l'ordre
du Saint-Esprit. XVIIe siècle.

Haut., 1 mètre.

SCULPTURES

167 — DESSUS DE SARCOPHAGE en terre cuite
antique, présentant une femme drapée et
voilée.

Haut., 1 m. 75.

168 — Tête en marbre blanc, petite nature de
jeune bacchant couronné de pampres. Travail
antique.
Socle mouluré en marbre blanc.

Haut., 30 cent.

169 — Groupe en pierre sculptée : la Vierge.
debout, portant sur le bras gauche l'Enfant
Jésus qui tient une colombe de ses deux
mains. Elle est amplement drapée et couronnée. France, xive siècle.

Haut., 1 m. 12.

170 — Grand groupe en pierre sculptée, représentant la Vierge debout, amplement drapée,
couronnée, tenant sur le bras gauche l'Enfant
Jésus qui porte une colombe ; à ses pieds,
une figure de moine agenouillé et un arbuste.
Travail français du xive siècle.

Haut., 1 m. 55.

171 — Statuette en marbre tendre blanc, représentant une sainte femme debout, en costume
civil, avec ceinture, dont une des extrémités
pend jusqu'à mi-jambes, un hibou se trouve
sur le côté de la tête, dont les cheveux sont
maintenus par un bandeau. xve siècle.

Haut., 47 cent.

172 — Haut-relief en pierre sculptée, présentant la Vierge debout, de trois-quarts à droite,
tenant l'Enfant Jésus, debout et nu, qui
cherche le sein de sa main droite. France,
xvie siècle.

Haut., 1 m. 20.

173 — GROUPE en pierre sculptée : la Vierge debout, couronnée, les cheveux longs tombant de chaque côté du visage, elle tient de ses deux mains l'Enfant Jésus qui porte un nid. La Vierge est debout sur le croissant. XVIe siècle.

Haut., 1 m. 40.

174 — BUSTE en marbre blanc, grandeur nature, de personnage barbu, la tête très légèrement tournée vers l'épaule droite ; il est vêtu d'un manteau boutonné. Travail italien, XVIe siècle.

Haut., 73 cent.

175 — STATUE, grandeur nature, en marbre blanc, par *Giovanni Bandini*, représentant un adolescent debout, presque nu, tenant de la main droite un épieu de chasse et caressant de la gauche un chien assis auprès de lui. Signée et datée : IOHES BANDINVS FLORENTINVS. F. 1598. Italie, fin du XVIe siècle.

Haut., 1 m. 70.

176 — STATUETTE en albâtre, représentant un saint Michel debout, armé d'un bouclier et terrassant le dragon. Travail espagnol, XVIe siècle.

Haut., 90 cent.

177 — BUSTE en marbre blanc, grandeur nature, de personnage barbu, une draperie sur les épaules, une fraise au cou. Commencement du XVIIe siècle.

Haut., 78 cent.

178 — Deux statues, grandeur nature, en marbre blanc, portraits présumés d'Antonio Cabeza de Vaca et de Maria de Castro, sa femme. Attribuées à *Pedro de Cuadra*, élève de Pompeo Leoni. Ils sont représentés agenouillés sur un coussin, les mains jointes, et sont revêtus de leurs costumes d'apparat. Espagne, xviie siècle.

Haut., 1 m. 55.

BRONZES

179 — Buste en bronze à patine brune, grandeur nature, d'adolescent, portant les cheveux courts ramenés sur le front, le visage de face, les yeux en pâte de verre. Travail romain antique.

Haut., 27 cent.

A figuré à l'Exposition d'art antique à Gênes, en 1892.

180 — Deux flambeaux en bronze patiné, composés chacun d'une douille ornée de mascarons et dressée sur une base ronde à moulures, supportée par trois sirènes ailées. Travail vénitien, xvie siècle.

Haut , 17 cent.

181 — Statuette en bronze patiné, représentant un guerrier de style antique, entièrement nu et brandissant un javelot de la main droite. Travail florentin, xvie siècle.

Socle en granit rose.

Haut., 32 cent.

182 — **Statuette** en bronze patiné de Neptune, debout sur une barque traînée par des chevaux marins. Il tient le trident de la main droite. Travail italien du xvie siècle.

Haut., 40 cent.

183 — **Statuette** en bronze patiné, représentant un bouffon debout, la main droite s'appuyant sur le haut de la tête. Travail italien, xvie siècle. Base en marbre.

Hauteur de la statuette, 17 cent.

184 — **Statuette** en bronze à patine brune, d'homme nu, le bras droit levé, la tête couronnée de lauriers. Travail italien, xvie siècle. Base en marbre de couleur.

Hauteur de la statuette, 25 cent.

185 — **Statuette** en bronze patiné, représentant un homme nu, barbu, le bras gauche étendu. Travail italien, xvie siècle.

Haut., 40 cent.

186 — **Grand mortier** en bronze. Il est orné de médaillons et de plaquettes, présentant des écussons armoriés, des inscriptions et des animaux. Il porte, au bord, une inscription latine et la date : *1534*. Italie, xvie siècle.

Haut., 28 cent.; diam., 36 cent.

187 — **Lampe** en bronze, formée d'un buste de satyre, disposé sur un pied en forme de patte d'oiseau. Italie, xvie siècle.

Haut., 28 cent.

188 — PETIT GROUPE en bronze, représentant un
monstre marin, supportant une statuette de
Neptune, debout et nu, armé du trident.
Italie, xvie siècle.
Socle rectangulaire en granit.

Haut., 22 cent.

189 — STATUETTE en bronze patiné, représentant
Vénus, nue et debout, le bras droit levé, ayant
à ses pieds le dauphin. Italie, xvie siècle.

Haut., 64 cent.

190 — GROUPE en bronze patiné, représentant
Atrée debout, marchant vers la gauche et
portant sur l'épaule droite le cadavre de son
neveu ; à ses pieds, un bouclier. Italie.
xvie siècle.

Haut., 26 cent.

191 — DEUX BUSTES d'empereurs romains, grandeur nature, à têtes de bronze patiné et chla-
mydes de bronze doré. Travail italien.
xvie siècle.
Piédouches en marbre.

Haut., 76 et 77 cent.

192 — DEUX BUSTES, grandeur nature, en bronze
patiné, représentant chacun un empereur romain drapé. Travail italien, xvie siècle.
Piédouches plaqués de marbre.

Hauteur totale, 75 cent.

193 — STATUETTE en bronze patiné : Vénus, debout et nue, formant fontaine. Travail allemand, XVI⁰ siècle.

Hauteur de la statuette, 27 cent.

194 — STATUETTE en bronze, représentant un chasseur debout, armé d'une lance et sonnant de la trompe ; il porte une grande escarcelle suspendue à sa ceinture et est coiffé d'une toque. Il est chaussé de bottes molles montant jusqu'aux genoux. Travail allemand, XVI⁰ siècle.

Base en bois noir.

Haut., 34 cent.

Collection Rosenheim.

195 — STATUETTE en bronze patiné : allégorie de l'Architecture, sous les traits d'une femme à sa toilette, debout et nue, le pied gauche sur un socle, s'essuyant de la main droite le sein gauche. École de Jean de Bologne, fin du XVI⁰ siècle.

Socle en marbre vert.

Haut., 36 cent.

196 — STATUETTE en bronze patiné, représentant Laocoon étreignant les serpents. Italie, fin du XVI⁰ siècle.

Socle en marbre noir.

Haut., 55 cent.

197 — STATUETTE en bronze patiné : guerrier debout et nu, d'après l'antique, tenant une épée de la main droite et une tête humaine

qu'il vient de trancher, de la main gauche.
Italie, fin du xvıe siècle.

Socle en marbre noir.

Haut., 38 cent.

198 — IMPORTANT BUSTE en bronze patiné, grandeur nature, représentant le roi Louis XIII, vu presque de face, portant les insignes des ordres de Saint-Michel et du Saint-Esprit. Ses cheveux sont longs et retombent sur une fraise tuyautée. Époque Louis XIII.

Piédouche mouluré en marbre.

Haut., 70 cent.

199 — DEUX GROUPES variés en bronze patiné, représentant tous deux le Baptême du Christ. Italie, xviıe siècle.

Hauteur de l'un, 45 cent.

200 — STATUETTE en bronze, représentant un ange debout, amplement drapé, le bras gauche levé, le bras droit ramené de côté. Travail italien, xviıe siècle.

Socle en marbre.

Haut. 90 cent.

201 — STATUETTE en bronze : enfant debout et nu, faisant le geste de tirer de l'arc. xviıe siècle.

Haut., 41 cent.

202 — STATUETTE en bronze patiné : le Tireur d'épine. Ancien travail italien.

Base triangulaire moulurée.

Haut., 20 cent.

203 — FLAMBEAU en bronze patiné en forme de satyre agenouillé tenant du bras droit la douille porte-lumière. Ancien travail italien.

Haut., 24 cent.

204 — DEUX PETITS CHEVAUX couchés sur un tertre, en bronze patiné. Ils sont montés sur une base en bronze doré à rocailles. Ancien travail italien.

Larg., 23 cent.

205 — PHÉNIX en bronze patiné, les ailes éployées. Ancien travail italien.

Haut., 66 cent.

206 — PETIT BUSTE en bronze, à patine verte, d'enfant pleurant, la tête légèrement inclinée. Travail italien.

Piédouche en albâtre.

Hauteur totale, 31 cent.

MEUBLES

207 — STALLE à deux places, en bois sculpté, à décor de moulures, serviettes repliées, etc., avec mascarons sous les miséricordes. France, XVe siècle.

Haut., 1 m. 07; larg., 1 m. 48.

Vente Gaillard, n° 4.

208 — Coffre de mariage en bois sculpté, présentant, au centre, un écusson d'armoiries surmonté d'une tête de chérubin, placée entre deux cartouches entourés de génies ailés. Travail italien, XVIᵉ siècle.

Haut., 60 cent.; larg , 1 m. 65.

209 — Grande chaire en bois sculpté, présentant, sur le dossier en haut-relief, un médaillon contenant un buste de saint André, surmonté de deux figures d'anges. De chaque côté, des pilastres chargés de grotesques. Travail italien, XVIᵉ siècle.

Haut., 2 m. 35; larg., 85 cent.

210 — Coffre de mariage en bois sculpté, décoré d'un écusson d'armoiries chargé d'une couronne entourée d'un serpent. Cet écusson est placé au milieu de gros rinceaux, feuillages, mascarons, animaux, etc. Aux angles, des sirènes ailées. Travail italien, XVIᵉ siècle.

Haut., 70 cent.; long., 1 m. 80.

211 — Deux grandes stalles à quatre places, en bois sculpté et marqueterie, à décor de rosaces gothiques, de feuillages, d'enroulements, etc. Elles sont surmontées de niches couronnées chacune d'un gable fleuronné, avec pinacles sur les côtés. En partie du XVIᵉ siècle.

Hauteur environ, 3 m. 20.

212 — Canapé en velours rouge, orné de deux petits panneaux en tapisserie au point, de la

fin du XVIᵉ siècle, à personnages richement
vêtus, dans des jardins.

Largeur du canapé, 1 m. 30.

213 — MEUBLE à deux corps, quatre portes et
quatre tiroirs, en bois sculpté. Les portes
sont décorées de cavaliers de style antique,
les montants présentent des cariatides d'hom-
mes et de femmes enguirlandées de fleurs.
A la partie supérieure, une frise à sujets de
chasse. Fronton découpé à motifs d'architecture, cariatides, chimères, etc. Fin du
XVIᵉ siècle.

Haut., 2 m. 35 ; larg., 1 m 42 : prof., 58 cent.

214 — STALLE à trois places, en bois sculpté,
décorée, sur les bras, de chimères. Les miséricordes sont ornées de cartouches. XVIIᵉ siècle.

Larg., 2 m. 03.

215 — COFFRE DE MARIAGE en bois sculpté et doré,
décoré de peintures. Sur la façade, des sujets
saints. Sur les côtés, des aigles. Ancien travail
italien.

Haut., 1 mètre ; larg., 1 m. 95.

TAPISSERIES

TAPIS

216 — TAPISSERIE rectangulaire flamande de la
fin du XVᵉ siècle. Elle présente plusieurs
compositions à nombreux personnages richement vêtus, dont l'un, assis, vient de faire

arrêter un personnage qu'on emmène. Au second plan, la lapidation de ce même personnage. Fond de paysage, draperies, motifs d'architecture, etc. Bordure gros bleu à feuilles, fruits et fleurs.

Haut., 3 m. 40; larg., 3 m. 90.

217 — Tapisserie rectangulaire flamande, de la fin du xve siècle, présentant, dans des compartiments irréguliers, quatre compositions tirées d'un roman et à nombreux personnages très richement vêtus. Ces compartiments sont séparés par des colonnettes et des moulures gothiques.

Haut., 3 m. 50; larg., 3 m. 80.

218 — Tapisserie rectangulaire flamande du commencement du xvie siècle, tissée d'or. Elle présente deux compositions juxtaposées, séparées par une torchère enguirlandée. Une de ces compositions figure la *Nativité* et l'autre l'*Adoration des Rois Mages*. De nombreux personnages y sont groupés en riches costumes et se détachent sur un fond de paysage et d'architecture. Bordure gros bleu à mascarons, feuilles, fleurs, etc.

Haut., 3 m. 00; larg., 2 m. 70.

219 — Tapisserie rectangulaire, à sujets tirés de l'image miraculeuse de Notre-Dame de Sablon : une femme emporte sous son manteau la statue de la Vierge tenant l'Enfant Jésus, au grand désespoir d'un diacre levant

les bras au ciel. A l'une de ses mains est attaché un trousseau de clés. La scène se passe dans une chapelle éclairée par une large baie, à travers laquelle se déroule la seconde scène de la légende. La même femme, aidée d'un personnage, embarque dans un bateau la statuette qu'elle a volée. Fond de paysage avec deux personnages. Encadrement rouge à figures, feuillages, bustes, armoiries et devises. Bruxelles, commencement du xvie siècle.

Haut., 3 m. 40 ; larg., 1 m. 85.

220 — TAPISSERIE rectangulaire flamande du xvie siècle, présentant un personnage essayant son armure et aidé dans cette opération par plusieurs serviteurs. Fond d'architecture avec trois autres personnages, présentant à un seigneur des objets d'orfèvrerie.

Haut., 2 m. 70 ; larg., 2 m. 30.

221 — TAPISSERIE flamande du xvie siècle, présentant un sujet de chasse avec un char au premier plan. Ce char est monté par des femmes faisant de la musique, et à qui on porte des fruits. Fond de verdure avec collines et habitations. Large bordure blanche à figures, fruits, fleurs, feuilles et portiques.

Haut., 3 m. 35 ; larg , 2 m. 50.

222 — TAPISSERIE rectangulaire, à angles coupés dans le bas, de travail français du xvie siècle, présentant une allégorie du mois de Février, figuré par des personnages se chauffant à un

foyer, des femmes filant, des enfants jouant, des paysans abattant du bois, avec figure de femme richement vêtue au centre. Cette composition est placée dans un médaillon ovale, entouré des signes du Zodiaque. Dans les angles, sujets relatifs aux vents et aux frimas. Bordure de fruits, fleurs, rubans, escargots, etc.

Haut., 4 m. 25 ; larg., 4 mètres.

223 — TAPISSERIE rectangulaire française du xvi⁰ siècle, présentant une allégorie du mois de Juillet, figuré par des paysans occupés à la moisson, avec vue de ville à l'arrière-plan. Cette composition est placée dans un large médaillon ovale, encadré des signes du Zodiaque. Dans les angles sont représentés les maux de l'humanité, avec les légendes : febres, quinantie, pestilence et plevresis. Bordure de fruits, fleurs, feuilles, mascarons, escargots, etc.

Haut., 4 m. 40 ; larg., 4 mètres.

224 — TAPISSERIE rectangulaire flamande du commencement du xvi⁰ siècle, présentant deux compositions juxtaposées, séparées par un pilastre. Dans cette composition figurent de nombreux personnages en costumes civils, assistant à la présentation de cadeaux à une reine et au couronnement de la même souveraine. Bordure gros bleu à fruits et feuilles avec rubans.

Haut., 3 m. 20 ; larg., 3 m. 55.

225 — Tapisserie rectangulaire flamande du
xviie siècle, présentant le Jugement de Salo-
mon. Composition de nombreux personna-
ges richement vêtus, sur fond d'architecture
avec draperie. Large bordure a rinceaux,
fleurs et oiseaux.

Haut., 3 m. 80; larg., 4 m. 40.

226 — Tapis d'ancien travail polonais, à décor
géométrique de feuilles stylisées et rinceaux.
Bordure blanche également à fleurs.

Haut., 2 m. 05; larg., 1 m. 35.

VITRINES

227 — Vitrine murale, en bois noir et bronze,
avec partie antérieure plate et tablette d'en-
trejambes.

Haut., 1 m. 55; larg., 1 m. 05.

228-232 — Cinq vitrines plates, variées, en cuivre et glace. (Seront divisées.)

233-234 — Deux vitrines murales à fond de
glace, montées en cuivre, à coins arrondis et
fermant à une porte.

Haut., 1 m. 75; larg., 93 cent.; prof., 35 cent.

235-239 — CINQ VITRINES murales à fond de
glace, montées en fer, à coins arrondis et
fermant à une porte.

Haut., 1 m. 75 ; larg., 93 cent.; prof., 35 cent.

240 — VITRINE murale en bois sculpté, ouvrant
à une porte. Elle est montée sur une base en
bois, décorée de deux têtes, de travail italien.

Haut., 2 m. 40 ; larg., 1 m. 30 ; prof., 49 cent.

www.ingramcontent.com/pod-product-compliance
Ingram Content Group UK Ltd.
Pitfield, Milton Keynes, MK11 3LW, UK
UKHW031806170726
13836UKWH00003B/1214